河南博物院镇院之宝

河南博物院　主编

杜岭方鼎

张俊儒　编著

中原出版传媒集团
中原传媒股份公司
大象出版社
·郑州·

图书在版编目（CIP）数据

杜岭方鼎 / 张俊儒编著 . — 郑州：大象出版社，2017.10（2018.3 重印）

（河南博物院镇院之宝）

ISBN 978-7-5347-8893-2

Ⅰ . ①杜… Ⅱ . ①张… Ⅲ . ①青铜器（考古）—介绍—河南—商代 Ⅳ . ① K876.41

中国版本图书馆 CIP 数据核字（2017）第 243899 号

杜岭方鼎

DULING FANGDING

张俊儒 编著

出 版 人 王刘纯

责任编辑 吴韶明

责任校对 裴红燕

装帧设计 张 帆

出版发行 大象出版社（郑州市开元路 16 号 邮政编码 450044）

发行科 0371-63863551 总编室 0371-63867936

网 址 www.daxiang.cn

印 刷 郑州新海岸电脑彩色制印有限公司

经 销 各地新华书店经销

开 本 889mm×1194mm 1/32

印 张 4.125

版 次 2017 年 10 月第 1 版 2018 年 3 月第 2 次印刷

定 价 50.00 元

若发现印、装质量问题，影响阅读，请与承印厂联系调换。

印厂地址 郑州市英才街 6 号

邮政编码 450002 电话 0371-67358093

扫二维码，欣赏《杜岭方鼎》视频

总　序

凡博物馆皆有自己引以为豪的藏品中的精华，如罗浮宫之《蒙娜丽莎》、荷兰国家历史博物馆之《夜巡》、中国国家博物馆之司母戊鼎、故宫博物院之《清明上河图》等等，许多博物馆将此类藏品称为“镇馆之宝”，重要的博物馆“镇馆之宝”常常有若干件，当然有些甚至堪为“镇国之宝”。

河南是中华文明的重要发源地，历史悠久，文化积淀厚重，近代以来中国的重要考古发现多在此地，中国考古史便是从这里起步，百年来发现的遗迹遗物极大地丰富了历史文化的研究，填补了历史的空白。河南博物院是中原最大的文物典藏展示机构，河南出土的重要文物理所当然地保存在这里。

2007年12月，时值河南博物院建院80周年，河南博物院镇院之宝甄选活动尘埃落定。众多专家学者经过反复论证，从河南博物院藏品中推选出九件最能代表中原历史文化的典藏品，作为“镇院之宝”。所谓镇院之宝，无疑是收藏中的佼佼者。首先是典型性，能代表文物所处历史阶段的文化科技发展最高水平；其二是重要性，具有重要的历史文化价值，填补历史研究的空白；其三是震撼性，文物具有强烈的时代感，其艺术性让人震撼；其四是唯一性，目前没有相同文物，或该文物是同类中最好的。

在我们遴选的过程中，发现能入此类标准的河南博物院藏品何止九件，最后为了坚持“九为大数不满”的初衷，经过反复讨论甄别，兼顾时代的普遍性，选取了贾湖骨笛、杜岭方鼎、妇好鸮尊、玉柄铁剑、莲鹤方壶、云纹铜禁、四神云气图壁画、武则天金简和汝窑天蓝釉刻花鹅颈瓶为九大镇院之宝。

贾湖骨笛不啻为音乐的奇迹，其重要性还在于促使我们重新评估裴李岗人的思维高度、情感表达的丰富性和表现力。贾湖骨笛在中原出现虽是孤例，但并非偶然。中原由于所处地理位置，进入新石器时代以后，在会通南北、连接东西上占得先机。贾湖遗址以稻作农业为主，是当时产稻的最北区域，但是其文化面貌却是裴李岗文化系统，其遗址中出现了猪与狗的驯养，这一遗址无疑是同时代文化中最为先进的。离贾湖不远的许昌灵井，距今8万年前已经出现了专业的制骨遗存，贾湖出现高质量的骨笛也就不足为奇。

九大镇院之宝中，先秦时期的青铜器占据五件，这与中原在这一中国文化轴心时代中主导作用的建立不无关系。

相传禹铸九鼎，三代奉为传国之征。鼎作为炊煮的食器，演变为王权的象征，体现了华夏文明的民本意识，而中原既是鼎的发源地，更是鼎文化最具代表性的地区。虽然二里头发现了迄今最早的铜鼎，但是其体量和造型还不能与国之重器勾连。郑州商城杜岭街出土的窖藏铜鼎，通高87厘米，饰有饕餮纹和乳钉纹，具有王权的威势，是迄今发现的商代早期较大的铜鼎之一，也是最早的能象征国家的铜鼎。据此证明了郑州商城的王都性质。

商代后期以安阳殷墟为国之核心。这里发现的最重要的墓葬当属妇好墓。出土的468件青铜器中，鸮尊是最具代表性的铜器之一，这是目前中国发现的最早的鸟形铜尊。其鸮形的巧妙构思和周身繁缛的龙、蛇等各种动物纹饰，不仅体现了妇好主持祭祀、带兵征伐的特殊身份，其艺术性也堪称经典。

中国广泛使用铁器要到西汉，然而在此之前有一个从出现到推广的发展过程。三门峡虢国墓地2001号虢季墓中出土的玉柄铁剑，经鉴定剑身为块炼钢锻打而成，这一发现将中国人工冶铁的历史提前到了公元前8世纪。

技术的先进是文明核心地位确立的重要条件，技术的不断发展又为社会的进步提供了前提，莲鹤方壶无疑是先秦社会发展的标志性器物，是技术、艺术与社会变革的集大成者。这件郑国人铸造的器物汇合了南北风韵、新旧特征，是春秋时期郑国特殊的历史文化地位的真实写照，更是百家争鸣、社会变革的艺术表达。

在中国冶铸史上具有划时代意义的器物还有云纹铜禁。这件器物出土于河南淅川下寺春秋楚墓，其墓主为楚国令尹子庚。铜禁通体由多层透空的云纹构成，十二条怪兽攀附四周，其精密的铸造工艺为我们提供了失蜡法铸造的最早标本。

五件先秦时期的青铜器各具代表，各领风骚，构成了中国青铜时代历史文化叙事链条的重要节点。

汉以降，中国历史文化转入了新天地。凝重神秘的青铜时代被人本思想和崇尚现实的享乐主义所代替，狰狞的鬼神世界，代以奇异的神仙来世。崇儒的同时，并行着道教的升仙意识。特别是在汉代的墓葬中充满了对来世享乐的憧憬，对来世仙界的描绘。出土于河南省商丘市永城芒砀山柿园西汉梁王墓的四神云气图壁画，绘有青龙、白虎、朱雀、怪兽等四种神禽异兽和灵芝、花朵、云气纹及穿璧纹等，充满了升仙气息。这件壁画尺寸宏大，为汉代壁画中所罕见，它是我国现存时代最早、规格等级最高、保存最完整的墓室壁画。

儒、佛、道在中国社会并行了一千多年，唐代以后三教逐渐合流。武则天一生充满了智慧，也充满了矛盾。在她的身上包含了多重宗教的信仰，她营造了龙门卢舍那佛窟，在偃师立了“升仙太子碑”。但是由于其墓葬还未发掘，与其有关的可移动遗物一直未能发现。1982年在登封嵩山峻极峰发现的武则天金简成为女皇唯一的直接可持有的宗教用物。这件物品是武则天祭拜嵩山的物证，也是武则天道教思想的体现，更是迄今发现的唯一的皇帝投龙金简，其历史与宗教文化价值无可代替。

历史上各个时代的造物总是恰如其分地附带上当时的文化与习俗烙印，而这种文化烙印尤其强烈的，莫过于宋代的瓷器。宋代对瓷器釉色的追求来源于宋人理学风气的弥漫。“雨过天青云破处”是对汝瓷独特的审美追求。

由于历史的原因，传世的汝官瓷屈指可数，弥足珍贵，20世纪80年代在宝丰清凉寺发现的窑址，被认定为汝官窑遗址，但是遗址内出土皆为瓷片，在其附近窖藏发现的少量汝瓷，成为考古出土的仅见的汝官瓷。其中的天蓝釉刻花鹅颈瓶完整性和工艺造像堪为第一，重要价值不言而喻，更重要的是以汝瓷为代表的瓷器的变革，不仅是技术的变革，还将中国文化与审美带到了更高的境界。

展览是历史文化信息的有机整合与展现，九大镇院之宝由于文物保护原因和其他原因有时不能同时完整陈列于展厅。即便是在展厅陈列，由于陈列本身的局限，也不能将全部或更多的信息在展厅中提供给大家。为了让大家更多地了解九大镇院之宝背后的历史文化信息，我们编写了这套丛书。对每件藏品的解读基于学术界最新研究成果，撰写方面力求科学严谨求真。我们希望通过本套丛书引导公众对藏品有更细致的观察了解，实现藏品信息与公众的分享与对话。但是由于研究阶段性的局限，由于研究深度的局限，由于研究资料的不全面等因素，我们的解读还有许多未尽之处，我们会继续不停地研究下去，将更多的研究成果及时提供给公众。也希望更多的学者加入到对文物、对九大镇院之宝的研究中，不断丰富和深化我们对历史文化的认识。

九大镇院之宝是古人智慧与思想的凝结，是文化制高点的物质的表征，每件文物都有独特的重要价值。这九件文物只是代表，而非全部，如果你来到河南博物院，将会看到更多的典藏瑰宝，比如彩陶双连壶、王孙诰编钟、金缕玉衣、汉代三进陶院落、杨国忠银铤等等，但在甄选镇院之宝时我们不得不割爱。我们希望大家在关注九大镇院之宝的同时，关注九件文物背后连带的关于中华文明、关于中原文化一脉相承延续发展的历史，关注中华文明强大的凝聚力、创造力、生命力，关注九件文物代表的更多的河南博物院的精美典藏，中原大地上的数不尽的丰富遗存。

河南博物院院长 田凯

2017年3月

目　录

一、品鉴

河南博物院藏杜岭方鼎（原发掘报告将其编为二号鼎[1]，为便于表述，下文在特指河南博物院所藏这件杜岭方鼎时，亦称之为“杜岭二号方鼎”）（**图一、图二**），方体，俯视口呈近正方形，平视腹部呈倒置的梯形。腹壁外折近90° 成宽折沿，口沿宽厚，方唇。双立耳，呈“∩”形，对称分布于左右两侧口沿之上，鼎耳内侧平整，外侧内凹，凹槽内有两道凸脊。斜直腹，腹壁呈一条斜直线状，向外倾斜约3° 。平底，底四边内外皆有加厚的平整宽边，中心部分平整。四柱足，分别位于器腹四角之下，呈上大下小的中空圆柱状（**图三**），上端器底内外

图一　杜岭方鼎

商代（前 1600 年—前 1046 年）

通高 87 厘米，口长宽 61 厘米，耳高 17 厘米，
足高 25.5 厘米，重约 64.25 千克

1974 年河南郑州张寨南街出土

河南博物院藏

两侧的柱足部位各有一圈较宽的加厚卯边，器底内侧的卯边平整，外侧的卯边平整度较差，两卯边的厚度与器底内外的加厚宽边厚度一致（**图四**）。

杜岭方鼎纹饰主要集中在器物的腹部和四足。腹部纹饰由兽面纹和乳钉纹组成。兽面纹装饰于器腹的中上部，由八个兽面环绕器腹组合形成较窄的纹饰带。八个兽面可以分为腹壁中间的四个兽面和腹壁四角的四个兽面两种类型。腹壁中间的兽面各自独立为一个完整的兽面形态；四角的兽面则从脸部中线分割开，分布在相邻的两个腹壁上。兽面纹由阳纹窄线条勾勒出轮廓，两眼则用凸起的大乳钉装饰。每个面上的兽面纹带上下各有一道凸弦纹。腹壁四角和腹壁底部装饰乳钉纹带，四角的乳钉纹带由横成行、竖成列的四列乳钉纹组成，腹壁下部中间的乳钉纹带由横成行、竖成列的五行乳钉纹组成。腹壁其他部位无纹饰（**图五**）。四足纹饰由兽面纹和凸弦纹组成。兽面纹装饰在足中上部，由两个完整的兽面组成环绕器足的窄纹饰带，外侧的兽面纹用阳纹线条勾勒兽面轮廓，两凸起的乳钉装饰兽眼；内侧的兽面纹也用阳纹线条勾勒出兽面轮廓，但纹饰较外侧兽面简单，且没有凸起的乳钉兽眼。兽面纹带上下等距离装饰两道凸弦纹，足下部则装饰三道较为紧密的凸弦纹（**图六**）。

杜岭方鼎的价值在于：第一，出土地点明确，在郑州商城遗址的范围之内，为20世纪后期研究确定商代城垣的性质、用途提供了新的重要实物资料。杜岭方鼎被发现之前，郑州商城只是商代早期的一座普通的城市遗址，虽有专家学者认为这可能是一座商代早期都城，但一直缺乏有

图二　杜岭方鼎侧面

图三　杜岭方鼎足部

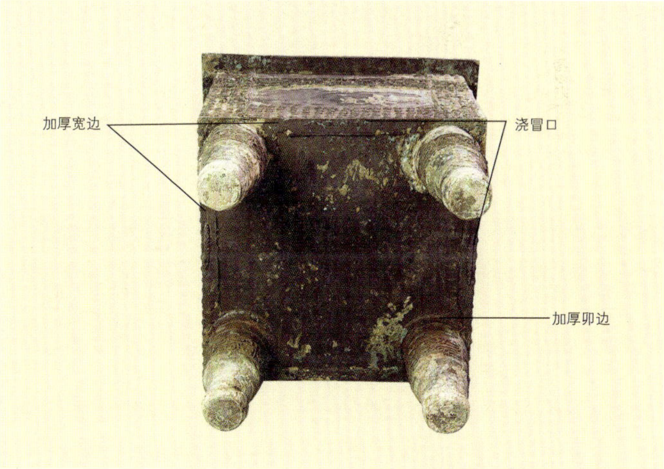

图四　杜岭方鼎底部状况

图五　杜岭方鼎腹部纹饰

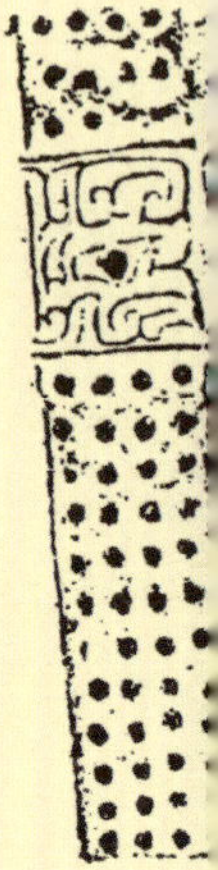

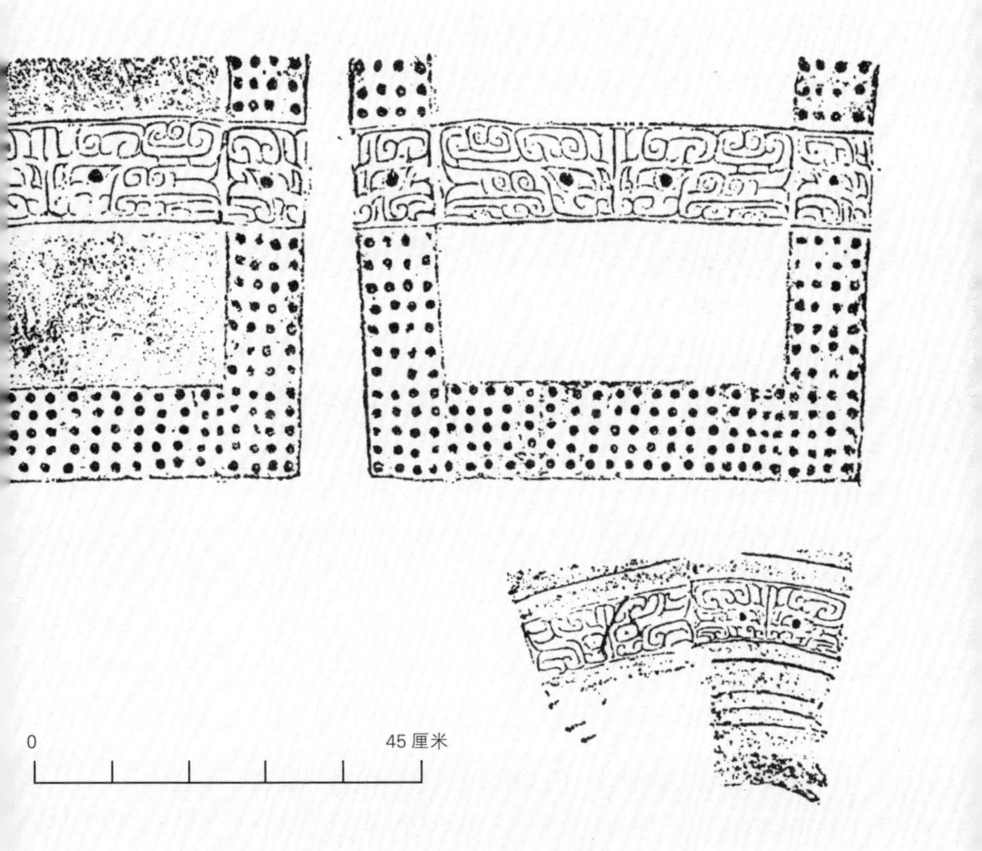

图六　杜岭方鼎纹饰拓片

说服力的实物证据。而杜岭方鼎不仅是在郑州商城范围内被发现，且其规整的造型、大气古朴的纹饰又说明只有一代商王才有能力和身份拥有它。因而，杜岭方鼎的发现，为确定郑州商城是一座商代早期都城而非普通城址提供了强有力的证据。第二，造型古朴大方，方形结构，在商代早期文化中属于首次发现，增加了商代早期青铜器结构类型，丰富了鼎的发展序列；形体硕大，为商代早期方鼎中的第二大鼎，略逊于同坑出土的杜岭一号方鼎，发掘出土后即被专家鉴定为一级文物，1992年10月经国家文物鉴定委员会杜廼松、郝本性、朱家溍、孙会元等十余名专家鉴定，再次确定为一级品。第三，纹饰布局合理，阳纹线条勾勒的兽面轮廓、乳钉纹和凸弦纹是商代早期青铜器纹饰的主流特征，兽面纹大而凸出的两眼是该鼎纹饰设计的点睛之笔，能将人们的视线迅速吸引到兽面纹饰上来，且能突显出一种庄严的氛围；四角和器壁下部的乳钉纹装饰给人一种强烈的框架结构的感觉，使得器壁纹饰不再是一个平面化的装饰，而是有了高低的层次感。第四，鼎上范铸痕迹明显，范铸逻辑清晰，纹饰构图的起稿线先后顺序明了，这些对研究商代早期的青铜范铸工艺水平、当时人们对新造型的方鼎铸造技术的探索改进具有重要的价值。由于该鼎对于研究商代早期的政治、经济，特别是青铜冶铸工艺具有十分重要的价值，又是商代早期青铜器中罕见的重器，再加上杜岭一号方鼎出土后被调拨至现在的中国国家博物馆收藏，故而留在河南博物院的杜岭方鼎即杜岭二号方鼎遂被定为镇院之宝。

二、杜岭方鼎的铸造工艺

关于杜岭方鼎的铸造工艺，原发掘报告是这样描述的："从铜方鼎的铸造痕迹观察，我们初步认为它是采用多范分铸而成。即先铸鼎耳，再铸鼎腹，后铸鼎足。鼎耳由两范合铸而成，铸鼎腹时再把鼎耳铸结在一起。鼎腹是用壁外范八块（四壁中部四块，四个转角处又分四块）、腹底外范一块和腹内范合铸而成。浇注口和冒气口皆在腹底器边的中部，并遗留有清楚的长条形凸棱痕迹。由于铸造时腹壁八块外范结合不够严密，范与范接口处痕迹明显。部分饕餮纹和乳丁纹，有重叠情况，口沿上有裂口现象。鼎足由外范二块和内范一块合铸而成，为了使鼎足上端与腹底铸结牢固，在鼎足上端周围的部分腹底处，将胎壁加厚，使足与腹严密地连结起来。另在个别鼎足的下部还发现有铸造破裂处的补铸痕迹。”[2]

我们在仔细观察院藏杜岭二号方鼎后认为，原发掘报告中对铸造工艺的描述过于笼统，且与实际铸造工艺有出入，值得商榷。

就杜岭二号方鼎而言，是已经铸造成形的一个完整的器物。要谈论其铸造工艺，只能就成形器物所能显露出来的各种铸造现象，结合青铜范铸的逻辑关系来加以讨论。因此，谈论杜岭二号方鼎的铸造，首先要仔细观察方鼎上的各种现象（**图七**）。

1. 方鼎口沿上有八处明显的直线裂纹，皆在相同的腹壁口沿和角壁口沿相接部位。从口沿裂纹部位观察，腹壁口沿和角壁口沿在口沿上侧是并列拼合在一起的，在口沿外侧和口沿下侧，角壁口沿有包裹腹壁口沿的现象，且下侧的包裹现象明显。这一现象可以说明，在口沿部位存在腹壁口沿和角壁口沿的八处分范。八处分范位置都存在不同程度的直线裂纹，说明口沿部位不是一个完整的整体，而是由于多次浇铸导致的前后浇铸部位不能很好衔接的结果。在角壁口沿外侧和下侧存在包裹腹壁口沿的现象则可以说明，腹壁口沿先铸，角壁口沿后成，角壁口沿在外侧和下侧包裹腹壁口沿，不仅可以加固两部分口沿的衔接，而且客观上角壁口沿对腹壁口沿有托起作用（**图八**）。

2. 上腹壁较薄，角壁较厚，在二者衔接的部位存在角壁包裹腹壁的现象，在其中一面的上腹壁和角壁衔接的上部出现有长约5厘米的开裂；上腹壁和角壁衔接部位与口沿分范位置相呼应；上腹壁兽面纹和角壁兽面纹上下各有一条凸弦纹，角壁凸弦纹不仅略高于腹壁凸弦纹，而且二者在相交部位存在明显的错范现象。这些可以说明的是上腹壁和角壁在衔接部位存在分范现象，角壁铸造晚于腹壁，和口沿的分范及铸接先后顺序一致。兽面纹上下的凸弦纹既不是有意为之的凸弦纹装饰，也不是分范留下的披缝，而是设计鼎腹纹饰布局时留下的起稿线（**图九**）。

3. 角壁乳钉纹横成行、竖成列，排列有序，转角两面的乳钉纹同排列在一个水平线上，角壁乳钉纹从口沿下直到器底皆竖成列，无错开现象，乳钉纹下的角壁底面平整连贯；角壁兽面纹由转角两面的各半个兽面纹组合而成，兽面纹在转角的部位纹饰连贯为一体，没有上下错范现象，兽面纹上下的起稿线也连贯为一体，在转角位置也

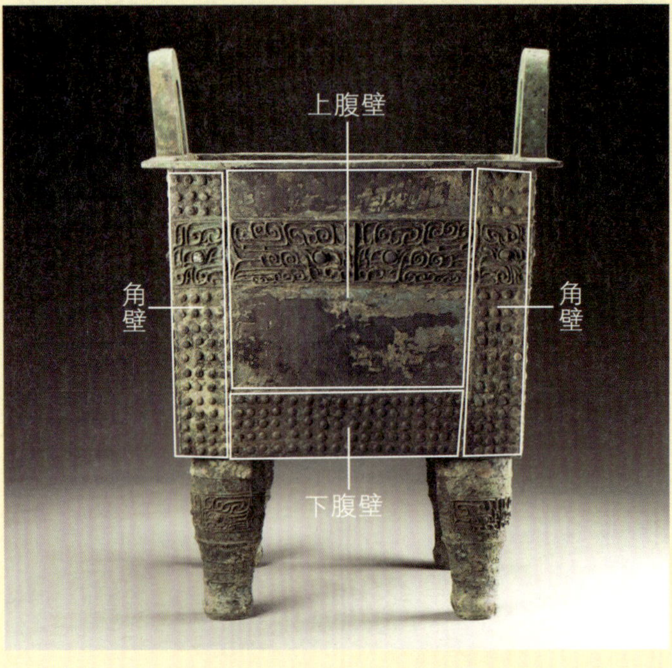

图七　杜岭方鼎腹部各部位示意图

图八　杜岭方鼎俯视各部位示意图

没有错范现象；转角部位形成的转角线光滑平整，没有因分范可能出现的披缝痕迹，转角线对应的口沿下侧光滑平整，也没有出现披缝。从这部分现象来看，器腹相邻两面相交部位形成的角壁为一个整体，角壁在转角部位不存在分范现象。

4. 下腹壁比上腹壁厚，也略厚于角壁；下腹壁与角壁衔接部位皆有纵向的裂开现象，且下腹壁有包裹角壁的痕迹；下腹壁乳钉纹横向上与角壁乳钉纹有不在一个水平线上的现象，纵向上也不成一条直线，乳钉布局略显杂乱且比角壁乳钉紧凑。从这几点来看，下腹壁和角壁存在分范现象，下腹壁铸造晚于角壁。虽然上腹壁和下腹壁衔接部位因为锈蚀而看不出是否存在分范现象，但从上腹壁与角壁的铸造先后关系及下腹壁与角壁的铸造先后关系来看，上下腹壁必然存在分范现象，且是较厚的下腹壁晚铸于较薄的上腹壁（图一〇）。

5. 器底内外皆有加厚的宽边，内侧因为锈蚀，内侧宽边与内底的关系不明确；外侧宽边断面毛糙，与外侧底部衔接部位有明显的裂隙；其中无耳一面的腹壁下的底部宽边有短缺现象，因为宽边短缺而裸露出来的器底十分平整；器底宽边与下腹壁连接紧密，是一个整体，宽边上有长条状的浇冒口；下腹壁、角壁与底部相交部位形成的折线有轻微的水平向外溢出现象，形成的折线凹凸不平，应为分范形成的披缝；器底内外平整光滑，看不出平板状的器底浇冒口位置。从这几点来看，下腹壁与底部内外的加厚宽边是一次浇铸而成，其浇口和冒口是器底加厚宽边上的同一个长条状凸棱；平板状器底和加厚宽边不是一次铸

图九　杜岭方鼎部分包裹现象及起稿线示意图

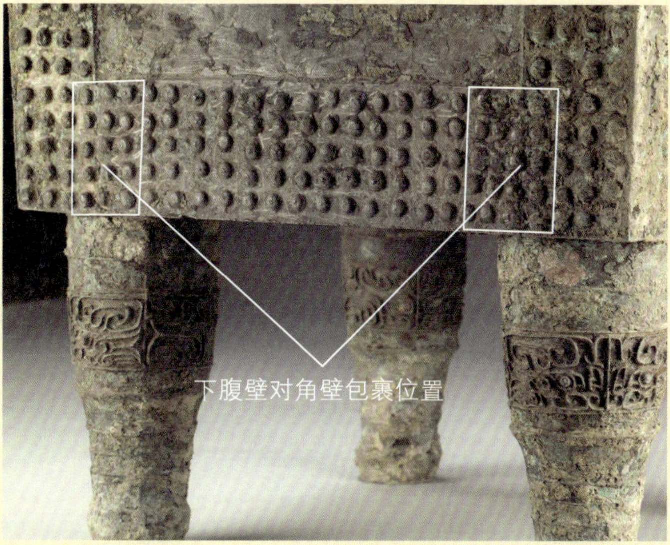

图一〇　杜岭方鼎下腹壁包裹角壁位置示意图

造形成，器底浇口可能存在于加厚宽边之内。关于器底与加厚宽边的铸造先后逻辑关系，可能为：先铸好平板薄底待用，在铸接器腹上腹壁和角壁形成完整闭合的上部鼎腔后，将平板薄底卡在四面下腹壁内外范腔内，然后浇注铜液形成四壁加厚宽边对薄底的包裹。这种范铸逻辑与鼎底、下腹壁呈现出来的现象基本对应。

6. 足部外侧兽面纹与内侧兽面纹相交的部位有两条纵向的披缝贯穿整个足外部，披缝两侧的兽面纹、凸弦纹有明显错范现象；鼎外底足之根部加厚的卯边有不规则的薄片覆盖于鼎底边和平板薄底上，足上卯边与该两处交接部位有明显的水平裂隙，器内足部卯边与器内底相交部位隐约有水平裂隙，由于锈蚀较重，不甚清晰，鼎内加厚的卯边在和鼎内底加厚宽边相交处有明显的圆形弧线。这些现象说明足部外范分两块，在器腹和器底铸接完成后，最后才依次安置足部的外范、内芯，然后浇铸成形（图一一）。

7. 由于耳部自身独特的造型，对耳部的描述容易产生方位上的混淆，所以我们在描述耳部特征前先给各个方向设定一个独有的方位词。现以鼎耳所在的器腹面为正面，正面所对应的耳的部位为耳正面，背对的为耳背面，外侧的面为耳外面，内侧的面为耳内面。正面观察鼎时，耳部整体呈“∩”形，耳背面、耳外面和耳内面相互连接，表面光滑平整；耳正面内凹进去并装饰两条不甚规则的凸脊，耳外面、耳内面与耳正面交接形成的断面内侧线条不规整，似因分范出现的披缝痕迹；耳内面下的口沿与器内壁转折部位线条流畅，看不出明显的披缝痕迹；耳外面与口沿相交部位转折明显，相交部位看不出有任何两次浇铸能形成的裂隙现象。从这些来看，耳背面与耳内外两面没有分范迹象，耳背面所在的范芯和口沿内芯是一个整体，耳内面所需要的小内芯也和该范芯为一个整体，只有如此才能解释耳背面、耳内面口沿与器内壁都无披缝的现象，因为根本就没有分范。耳正面断面不规则痕迹说明此面有分范存在，是外范和内芯拼合的位置。至于最终如何形成鼎耳，则需要在内芯上挖出耳的轮廓凹槽，在内芯耳凹槽轮廓相对应的外范位置上贴出三条凸棱，凸棱高度低于内芯上挖出的耳的凹槽高度，然后将内芯、外范拼合在一起浇注铜液，形成一体的腹壁和鼎耳（**图一二**）。

8. 一侧有耳的下腹壁与两角壁铸接部位有不规则的裂隙块，其上的乳钉纹个别也存在不规则缺损；一足下部有

图一一　杜岭方鼎足部披缝、错范示意图

图一二　杜岭方鼎耳部示意图

凸起的两个不规则块，其与周围足体相交部位有裂隙，由于锈蚀严重，裂隙不清晰，但其中一块上有弧形长条。从这些不规则裂隙块来看，皆是补铸鼎体形成的，说明当时范铸青铜方鼎的技术还不成熟。

综合以上八点关于杜岭二号方鼎各部位表现出来的特征描述与分析，大致可以推演出杜岭二号方鼎的铸造逻辑：

杜岭二号方鼎的铸造，并不是采用传统的由多块外范拼合再组合好内芯后一体浇铸的方法（即浑铸法），而是采用分铸方式。首先分别制作好带耳上腹壁和无耳上腹壁的内芯和外范，组合好后浇铸出四个上腹壁待用。然后制作出角壁内芯和外范各四块，提取其中一组角壁内芯、外范组合，在其两侧分别插入一个已经铸造好的无耳上腹壁和一个有耳上腹壁至空腔内一定尺寸，浇注铜液入角壁范腔，使铜液对插入的腹壁形成包裹，等铜液冷却成形后即完成角壁与两腹壁的铸接。然后再在已经铸接好的其中一个上腹壁上套合另一组角壁内芯、外范，并在角壁另一面插入铸好待用的相应上腹壁，浇注铜液，完成待用上腹壁与角壁的铸接程序。依此类推，直至上腹壁和角壁铸接成一个连贯围合的鼎身腔。接下来制作平板薄底和下腹壁的内芯、外范，并将平板薄底浇铸成形后待用（这里需要提出的是，平板薄底的浇冒口设在横断面上，在和下腹壁铸接成形后，浇冒口被下腹壁及其加厚宽边遮盖，故而在现在的杜岭二号方鼎上看不到器底平板的浇冒口。平板薄底四角上预留出此后需要铸接的四足圆孔），将已经铸接好的鼎身倒置，在下腹壁位置分别组合四组已经制好的下腹壁内芯、外范，并将铸好待用的平板薄底插入下腹壁范腔固定，然后分别或者同时浇铸四个下腹壁，完成下腹壁、上腹壁、角壁和器底的铸接程序。接下来需要做的就是制作带有上下卯边的四足的内芯和外范，并将做好的内芯、外范固定到器底预留出的四足圆孔位置上浇注铜液，完成最后的铸接工作。这里需要说明的是，上述杜岭二号方鼎铸造逻辑在铸接的先后上是这样操作的，但是存在分范的各部位的内芯、外范制作并不一定是上述的先后顺序，铸好待用的部位也没有固定的先后顺序。

从上述杜岭二号方鼎的范铸逻辑来看，其铸造工艺和原发掘报告中的描述差别较大。首先，杜岭二号方鼎鼎耳不是先范铸成形然后再与鼎身铸接在一起，而是和鼎身一次浇铸而成的；其次，器腹不是由八块外范组合一次铸造而成，而是用了十二块外范先后按照铸造逻辑依次铸接而成；最后，器底与加厚宽边是组合后铸接在一起的，并不是一次浇铸成形，下腹壁底上的四个长条状凸脊是下腹壁和加厚宽边的浇冒口，而平板薄底的浇冒口隐藏在加厚宽边的卡槽内。总的来说，杜岭二号方鼎的铸造工艺要比发掘报告中所描述的要原始很多。

三、郑州张寨南街窖藏坑出土器物

1974年在全国“深挖洞、广积粮”运动号召下，郑州的大量民众参与到了这场运动之中。9月的一个下雨的星期天，在郑州张寨南街郑州商城南300米的一个高出地表4米的“杜岭”土岗下，挖掘防空洞的市民挖土时在防空洞右前方碰到了一个坚硬的金属器物。在场人员经讨论认为可能是文物，遂将情况报告给当时的文物相关部门——河南省博物馆。随后，河南省博物馆组织以安金槐为首的考古专家小组前往出现文物的防空洞内进行发掘清理工作（图一三）。

经初步清理后发现，施工人员所说之金属文物为两件

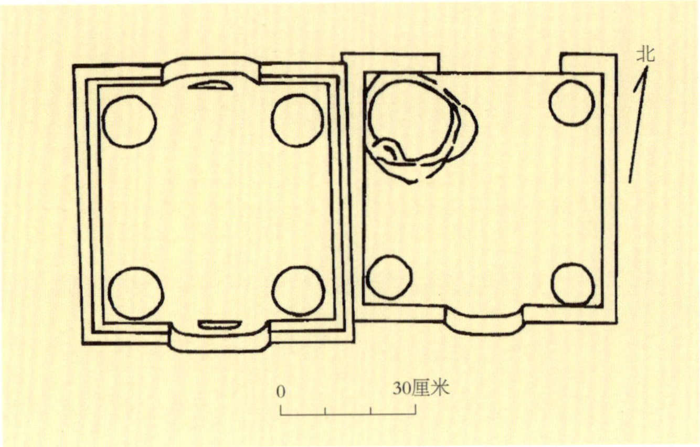

图一三　张寨南街窖藏坑方鼎出土时摆放情况俯视线图

大铜方鼎，位于一个坑壁较规则的东西向长方形土坑内。该坑东西长1.8—2.0米，打破了生土层。由于该土坑位于防空洞内，其地表的地理位置难以确认，考古队经考虑认为有必要向上钻探至地表加以判断，遂采用非常规的从下向上的方式钻探至地表，发现位于一户居民家中。经测量，地表至坑底距离约6米。

在随后的发掘清理中发现，该土坑中共有两件青铜方鼎，东西向并列排放在一起，西边一鼎较大，考古工作人员将其暂定名为“杜岭一号铜鼎”，东边略小的一鼎暂定名为“杜岭二号铜鼎”。两鼎虽然在大小上有所差异，但是其口沿部位却处在同一水平线上。在清理两鼎足下后发现，当时埋藏两鼎时曾有过刻意的安排：在鼎足下的生土上，杜岭一号方鼎向下铲掉了一部分生土，而且放置两鼎的生土层皆经过精心平整，显然这些都是有意布置的。在东边杜岭二号方鼎的器腹内一角，摆放有铜鬲一件（**图一四**）。在随后的进一步清理中，除已发现的两件杜岭方鼎和一件铜鬲外，陆续又发现了一些与铜鼎伴出的石器、

图一四　杜岭二号方鼎发掘现场情况

陶片、人骨和兽骨。

杜岭一号方鼎，口与腹略呈长方形，口沿外折并有较宽的加厚唇边，方唇，口沿上对称分布两立耳，耳内有圆拱形凸棱三道，内陷式平板薄底，四圆柱状空足，足之根部在器底内外各有一圈加厚的卯边。器腹角壁和下腹部分别装饰四排和五列乳钉纹带，环器腹中部装饰由八个窄线阳纹兽面组成的兽面纹带一周，四足内外两侧分别装饰一个兽面纹，外侧兽面纹制作精美，内侧兽面纹只有轮廓，有眼无珠。另外，方鼎底部和四足表面有发黑的烟熏痕迹。通高100厘米，口长62.5厘米，口宽60.8厘米，重86.4千克（图一五）。

铜鬲，敛口，卷沿，沿上有双立耳，鼓腹，分裆，下有三锥状足。颈下上腹部装饰三周凸弦纹，腹部装饰三周双凸线人字纹，其余部位素面。器腹底部有发黑的烟熏痕。通高35厘米，口径22厘米（图一六）。

石杵、石臼各1件，石杵系用青色石灰石磨制成圆柱状，长约23厘米；石臼只残存约一半，用淡红色河光石制成，臼窝口大底小，窝内十分光滑。出土时，臼窝内和石杵下部有研磨朱砂的痕迹。

石斧，1件，用青色石灰石磨制而成，扁圆体状。

陶片，多为绳纹灰陶。依据陶片的形状，大致可以判断出有折沿鬲、长颈大口尊、小口尊、假腹豆、折肩瓮、

图一五　杜岭一号方鼎

图一六　张寨南街窖藏坑出土铜鬲

短领瓮、折沿砂质罐和甗、盆、壶、簋、缸、埙等器物。

张寨南街防空洞窖藏坑杜岭二号方鼎内发现的人字纹铜鬲，在郑州商城外二里岗期上层墓葬中曾出土过一件，而且在郑州商代冶铸青铜器作坊遗址中，也发现过类似的鬲的陶外范。类似的石杵、石臼在郑州商代二里岗期文化遗址中也有出土。而可以看出器形的绳纹灰陶片所能代表的器类，也主要为商代二里岗期上层文化中常见，且没有更晚的遗物发现。两件近似的铜方鼎器表乳钉纹装饰、相对较窄的兽面纹带及凸起的弦纹，这些特征在出土的二里岗期青铜器上十分常见，而且也是这一时期青铜器的主要纹饰特点。从这几个方面来看，张寨南街窖藏坑中出土的两件铜方鼎应该是商代前期二里岗期上层的遗物[3]。

既然两件杜岭方鼎都是商代前期二里岗上层的遗物，

那么它们是同时铸造的，还是彼此也有时间先后的问题呢?

杜岭一号方鼎，形制和纹饰与杜岭二号方鼎近同。差别之处在于，一号方鼎口和腹略呈横长方形，外折口沿有双折平沿——也可以说是这一时期或者之前青铜器如斝、爵等器物口部常出现的加厚唇边，耳内有三道圆拱形凸棱；二号方鼎口和腹略呈正方形，外折口沿无双折平沿，耳内有两道圆拱形凸棱。结合杜岭一号方鼎范铸现象的观察分析，应为首先浇铸形成平板状的方鼎器底薄板，薄板在四角部位预留出方鼎四足的圆孔。然后将薄板放置于方鼎的内腔泥芯之上，并分别将两块带耳外范和两块不带耳外范两两相对与泥芯组合起来，最后将底部外范放置于薄板上由四外壁范围合形成的方形空腔上，通过底范四边预留的浇冒口，一次性将方鼎四壁及耳部浇铸成形，并完成四壁对底部平板薄底的铸接。器底内外四周的加厚唇边是分别在泥芯和底范四边上削减泥料造成空腔形成的。器身浇铸成形后，再依次分别在预留的四足孔部位组合足部内芯、外范，然后浇铸，最终完成四足和鼎身的铸接工作。

由此我们可以发现两鼎在铸造工艺上有明显的差别，在方鼎制作的技术上有明显的探索演进关系。首先，从成形器物的表面效果来看，杜岭二号方鼎器表纹饰存在明显的叠压错乱现象，而杜岭一号方鼎器表纹饰的连贯性则明显好得多。其次，杜岭二号方鼎在多处分范部位出现了铸接裂缝，并有多处补铸现象，而杜岭一号方鼎四壁连接则十分紧密。这两方面形成的两鼎不同的表象皆是因为二者的铸造技术存在优劣之分。杜岭二号方鼎器腹分范十二块，并存在先后的铸接关系，导致其器表纹饰错乱叠压，并产生了裂隙。而杜岭一号方鼎器身分外范四块并通过组合一次浇铸而成，不仅因减少分范缩短了工艺流程和铸造时间，而且大大降低了组合芯范的难度，从而解决了一次浇铸成形的技术难题，事实上也避免了铸接容易产生裂隙的问题。从工艺技术演进的规律来看，显然是首先铸造了杜岭二号方鼎，然后总结铸造杜岭二号方鼎过程中的各种不足，改进铸造技术后再铸造了杜岭一号方鼎。若要对两件杜岭方鼎的技术演进做个总结的话，因为处在大型铜方鼎铸造技术的摸索时期，有些部位改进明显，有些部位则没有大的变化，需从各个部位分别叙述：（1）耳部，与器壁皆为一体，均为一次浇铸成形。不同的是，杜岭一号方鼎耳范只做于器壁外范之上，而杜岭二号方鼎的耳是通过分别在器壁外范和芯范做出型腔然后组合实现的。显然前者在制作鼎耳上要比后者简单容易得多。（2）腹部，杜岭一号方鼎采用外范四块，组合一次浇铸成形；杜岭二号方鼎分范十二块，先后铸接成形。显然，杜岭一号方鼎器腹的铸造工艺具有明显的先进性。（3）足部，两鼎均是在器腹成形后再组合足部范、芯依次浇铸，完成足与鼎身的铸接工作，其铸造工艺在足部和鼎身的连接问题上并没有什么改进。（4）器底，两鼎皆是预先铸造好平板薄底待用，然后通过与器身芯、范组合完成铸接。不同的是两鼎器腹分范工艺上的差别，导致器底与器腹铸接的难易程度和先后关系略有变化，但技术上并没有实质性改进。从这几个方面来看，两件杜岭方鼎存在铸造技术上的摸索改进关系，杜岭二号方鼎铸造技术较为原始，杜岭一号方鼎相对先进一些，但相较于后来的铜方鼎铸造技术，二者均较为原始。

虽然两件杜岭方鼎的成器先后顺序清楚了，其范铸技术上的优劣也十分明了，但如果和这一时期其他器类青铜器的范铸技术比较而言，则相对要落后些。既然这一时期青铜器的铸造技术已相对成熟，为何两件方鼎表现出来的却又十分滞后呢？杜岭二号方鼎要比杜岭一号方鼎铸造得早，杜岭二号方鼎是不是就是该类器物在范铸技术上最早的实物？这几个问题，需要综合到目前为止郑州商城遗址范围内发现的另外两个出土有青铜方鼎的商代窖藏坑出土器物来分析判断。

四、郑州向阳回族食品厂与南顺城街商代青铜器窖藏坑

自20世纪70年代以来，在郑州商代遗址范围内陆续发现了三个青铜器窖藏坑，除了上文介绍的张寨南街窖藏坑，还有郑州向阳回族食品厂和南顺城街窖藏坑，均属于二里岗上层（**图一七**）。

1982年7月，郑州向阳回族食品厂工人在基建工地施工时，在距离郑州商城东南角外侧约54米的地下5米深处发现7件商代青铜器。随后河南省文物考古研究所和郑州市博物馆联合对出土青铜器的地点进行了清理发掘。考古队布9米×9米探方一个，向下清理约4.6米时发现出土青铜器的坑口。经询问发现青铜器的工人确认，坑内大方鼎

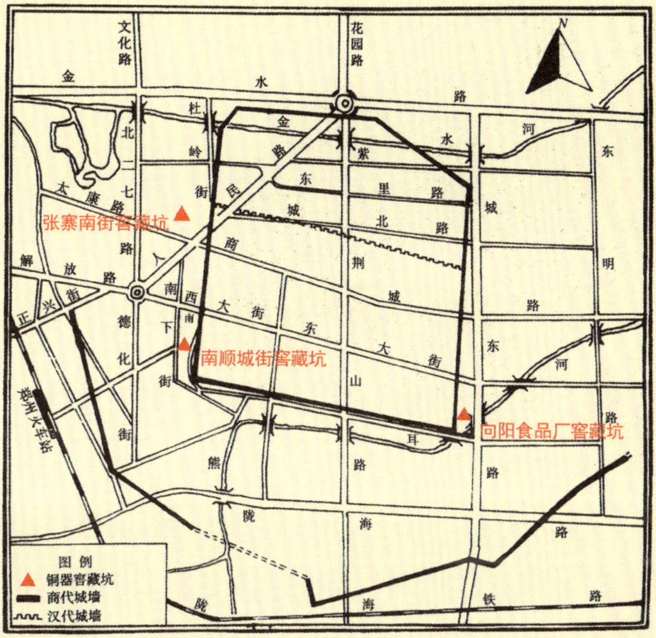

图一七　郑州商代窖藏坑位置图

图一八　向阳回族食品厂窖藏坑发掘现场

在东，大圆鼎在西。两鼎鼎口相对，平放在坑底南部。一件铜尊在大方鼎内，盘放在尊旁，罍放在大圆鼎底部，另一件铜尊横放在圆鼎内。涡纹中柱盂置于两鼎口中间。随后又在坑口北部向下约0.4米的地方发现另一件大方鼎，鼎腹内放置有一件提梁卣、三件铜觚和两件小圆鼎[4]（**图一八**）。

食品厂窖藏坑H1:2号方鼎，器腹近方斗状，宽折沿，方唇，沿上对称双圆拱形立耳，内凹式平底，四上粗下细圆柱状空足。上腹部饰八组由宽线条构成的兽面纹带一周。鼎腹四角和鼎下腹周围饰乳钉纹带。四足中，有一对对角两足各饰有半周弦纹三道，另一对对角两足无纹饰。器腹、底和足上均有烟熏痕迹。腹上部兽面纹带在各面上笔直连贯，四角转折线对应的口沿至底部有明显披缝，器腹外范应是在转角部位四分范。通高81厘米，口长55厘米，口宽53厘米，重75千克（图一九）。

食品厂窖藏坑H1:8号方鼎，器腹近方斗状，宽折沿，方唇，沿上双圆拱形立耳，内凹式平底，四上粗下细圆柱状空足。上腹部饰八组由窄阳纹线条构成的兽面纹带一周。鼎腹四角和鼎下腹周围饰乳钉纹。四足上部外侧各饰一个兽面纹，内侧无纹饰。鼎腹、底和足上有烟熏痕迹。

鼎腹中部兽面纹和四角兽面纹相交部位有错范、叠压现象，角壁叠压在中壁上部，中壁下部乳钉纹部分叠压在角壁、中壁上部之上。各部分相交位置有多处裂隙。器腹应是存在角壁、器腹中壁上部和器腹中壁下部各四块分范。通高81厘米，口长宽53厘米，重52千克（**图二〇**）。

食品厂窖藏坑H1:1号圆鼎，宽折沿，方唇，沿上对称双圆拱形立耳，深腹微鼓，圜底，三锥状空足。上腹部饰由窄阳纹线条勾勒的三组兽面纹带一周，其他部位光素无纹饰。器底外有烟熏痕迹。出土时鼎内有一块兽骨。器身外分范留下的披缝痕迹明显，上腹外范三块，下腹外范三块，从口沿至足部有连贯的纵向披缝线。通高77.3厘米，口径52厘米，重33千克（**图二一**）。

食品厂窖藏坑H1:11号兽面纹提梁卣，分盖、身两部

图一九　食品厂窖藏坑 H1:2 号方鼎

图二〇　食品厂窖藏坑 H1:8 号方鼎

分。穹隆顶式盖，子口，上有菌状钮；器身母口，颈下对称立两半环，环内套兽头提梁，鼓腹下垂，圜底，高圈足。盖顶部饰夔龙纹，钮帽上有涡纹；颈部饰由夔纹组成的兽面纹带一周，其上下各饰云雷纹窄带一周；腹部饰兽面纹两组；圈足饰两周联珠纹，其中间饰一周云雷纹，并等距离分布四个近圆形镂孔。通高50厘米，口径12厘米，重10.4千克（**图二二**）。

1996年2月，郑州市中实房地产开发公司在位于南顺城街南端西侧距离郑州商城西墙南段外侧约50米的民族食街1号楼工地挖掘桩孔时发现了青铜器。河南省文物局闻讯，组织河南省文物考古研究所和郑州市文物考古研究所联合考古队对出土青铜器的地点进行了钻探、布方，清理发掘了青铜器窖藏坑H1和灰坑H2。其中青铜器窖藏坑内

图二一　食品厂窖藏坑 H1:1 号圆鼎

图二二　食品厂窖藏坑 H1:11 号兽面纹提梁卣

发掘出土方鼎4件、铜斝2件、铜爵2件、铜簋1件、铜戈2件和铜钺1件等青铜器共12件，另有不少陶器、原始瓷器、蚌器、石器和骨器等伴出[5]（**图二三**）。

南顺城街窖藏坑H1:1号方鼎，器腹近方斗状，宽折沿微内敛，方唇，沿上对称双圆拱形立耳，直腹下微内收，近平底带有“十”字形加厚结构，与四壁底边加厚唇边形成“田”字状，四上粗下细圆柱状空足。腹壁中上部饰由宽线阳纹构成的兽面纹带，四角和

图二三　南顺城街窖藏坑发掘现场

器下腹部饰乳钉纹带。足部上部饰兽面纹，下部饰凸弦纹三周。鼎底部和器表有残留烟熏痕迹。器表口沿下、鼎腹两壁相交部位转角线上、器底及足上有明显的范铸披缝痕迹，器腹中部兽面纹带在同一面上连贯，不错乱叠压。器腹应是分四块外范一次浇铸成形的。通高83厘米，口长51.5厘米，口宽51.2厘米，重52.9千克（**图二四**）。

南顺城街窖藏坑H1:2号方鼎，器腹近方斗状，宽平折沿，方唇，沿上对称双圆拱形立耳，直腹下微内收，四上粗下细圆柱状空足。器腹中部饰由窄阳纹线条构成的兽面纹带，四角与器下腹部饰乳钉纹带，乳钉排列较为杂乱。足上部饰由凸弦纹组成的三角形纹饰，其上下各有凸弦纹一周。器底与腹壁有残留的烟熏痕迹。鼎口沿、器腹中壁与四角壁等部位范铸留下的披缝痕迹明显，彼此铸接遗留的叠压现象也十分清晰。从各部位显示的范铸逻辑来看，器腹外范分四中壁、四角壁八块外范和器腹底框范等几部分，在鼎上腹壁和四角壁完成铸接后，再通过腹底框实现器腹与鼎底的铸接工作，最后再依次铸接四足。通高72.5厘米，口长44.5厘米，口宽43.5厘米，重26.7千克（**图二五**）。

南顺城街窖藏坑H1:3号方鼎，器腹近方斗状，宽平折沿，方唇，沿上对称双圆拱形立耳，直腹下微内收，四上粗下细圆柱状空足。器腹四中壁中间饰由乳钉纹组成的纹饰带，各面纹饰带错乱不在同一水平线上，四角及器腹下部装饰乳钉纹，乳钉排列杂乱。从器表表现出的各种披缝痕迹，包裹、叠压现象，以及铸接部位产生的裂隙等方面判断，器腹外范可分为中壁四块、角壁四块和连带腹底

图二四　南顺城街窖藏坑 H1:1 号方鼎

图二五　南顺城街窖藏坑 H1:2 号方鼎

一起的腹下包裹框等几部分。先铸成四个器腹中壁待用，然后通过四个角壁完成对四个中壁的铸接，其后再浇铸腹底包裹框完成器底与器腹的铸接，最后依次浇铸四个空心足。通高64厘米，口长42.5厘米，口宽42厘米，重21.4千克（图二六）。

南顺城街窖藏坑H1:4号方鼎，器腹近方斗状，宽平折沿，方唇，沿上对称双圆拱形立耳，直腹下微内收，近底部延出凸棱，下接较窄的一个延伸腹底，四上粗下细圆柱状空足。器腹中部饰由三排乳钉纹组成的纹饰带，四壁该纹饰带在同一水平线上，四角和器腹下部饰乳钉纹带，凸棱下延伸的腹底边装饰一排乳钉纹，足上部饰由凸弦纹构成的三角形几何纹饰，其上下各有凸弦纹一周。器体表面有烟熏痕迹。器表口沿四角、腹壁四角处、足部等部位有明显的披缝痕迹、补铸和叠压包裹现象。该鼎器腹应由中壁四块、角壁四块和与器底一体的包裹框等几部分组成。先浇铸四块中壁待用，然后浇铸四个角壁完成角壁与腹中壁的铸接工作，其后再浇铸鼎底框并形成对器腹的包裹铸接，最后依次浇铸四足形成完整鼎体。通高59厘米，口长38厘米，口宽36厘米，重20.3千克（**图二七**）。

食品厂和南顺城街两个窖藏坑与杜岭方鼎所在的张寨南街窖藏坑的埋藏年代都处在一个时期，而且三个窖藏坑都发现于郑州商城遗址的范围之内，因而三个窖藏坑及其出土的青铜方鼎一定存在有某些相关的联系。

将三个窖藏坑中出土的青铜方鼎放在一起比较发现：

1. 范铸技术演变上，南顺城街窖藏坑H1:2号、H1:3号和H1:4号鼎器腹分腹中上壁四块、角壁四块和腹下包裹框

图二六　南顺城街窖藏坑 H1:3 号方鼎

图二七　南顺城街窖藏坑 H1:4 号方鼎

等三大部分,通过先后铸接程序完成鼎主体的铸接，这一阶段器腹和鼎底在分范问题上属于明显的摸索阶段，但通过三鼎的铸造，并没有相对明显的技术改进。杜岭二号方鼎和食品厂窖藏坑H1:8号方鼎，器腹分腹中上壁四块、角壁四块和腹中下壁四块等三大部分，如前文杜岭二号方鼎的铸造工艺里描述的程序完成鼎主体的铸造，这一阶段在分范上的主要突破是在器腹下部和鼎底的铸接上。由此前的腹下部整体包裹框演变为四个独立的腹下壁，鼎底从和第一阶段的包裹框连为一个整体演变到独立成一个平板薄底，通过器腹下设置似加厚唇边的卡槽完成鼎腹和器底的铸接。杜岭一号方鼎、南顺城街窖藏坑H1:1号方鼎和食品厂窖藏坑H1:2号方鼎，器腹在转角部位分腹壁四块，四个面各自为一个独立完整面。这一阶段在腹壁分范上有了实质性的技术突破，实现了器腹壁一次浇铸成形，避免了多次铸接产生的错范、叠压、开裂等问题。但是第二阶段形成的鼎底与器腹的铸接问题在这一阶段并没有得到解决，只是因为腹壁分范的减少更加合理化，器腹与底部连接更加紧密。三个阶段的铸造技术主要是在器腹与底部的分范逻辑上实现了逐步改进，而四足与鼎体的铸接未实现进一步改进。

2. 纹饰演变上，南顺城街窖藏坑H1:3号方鼎腹部只装饰了乳钉纹，乳钉排列杂乱无序，四面腹中壁乳钉纹不在同一水平线上；南顺城街窖藏坑H1:4号方鼎腹部仍然只装饰乳钉纹，但是乳钉排列整齐，四面腹中壁乳钉纹实现了处在同一水平线上；南顺城街窖藏坑H1:2号方鼎纹饰有了改进，腹中壁上开始装饰用窄阳纹线条构成的兽面纹带。

至此，三个窖藏坑纹饰布局的特点基本定型——四角和下腹装饰乳钉纹带，器腹中部装饰兽面纹带；杜岭二号方鼎、食品厂窖藏坑H1:8号方鼎、杜岭一号方鼎纹饰结构和布局基本一致，皆为四角和器腹底部装饰乳钉纹带，器腹中部装饰兽面纹带，有所变化的是四角在和器腹中部兽面纹带对应的水平位置部位开始装饰兽面纹。兽面纹仍然是用窄阳纹线条构成，乳钉纹偶有杂乱和叠压现象。南顺城街窖藏坑H1:1号方鼎和食品厂窖藏坑H1:2号方鼎纹饰布局较此前没有变化，只是兽面纹开始用宽阳纹线条构成，各部位乳钉纹排列井然有序，几乎不见乳钉杂乱叠压现象。

3. 方鼎品相上，郑州商城遗址范围内三个窖藏坑出土的八件青铜方鼎中，南顺城街窖藏坑H1:2号、H1:3号和H1:4号方鼎的品相最差，纹饰杂乱，变形及补铸、包裹、叠压情况严重，导致器表凹凸不平，铸接部位多有开裂现象。杜岭二号方鼎和食品厂窖藏坑H1:8号方鼎品相相对较好，器体显示出了厚重感，虽仍有错位、叠压和补铸现象，但器表相对平整，纹饰布局也比较规整。杜岭一号方鼎、南顺城街窖藏坑H1:1号方鼎和食品厂窖藏坑H1:8号方鼎品相最好，乳钉纹横成行、竖成列，排列井然有序；兽面纹线条变宽，流畅自然，更显凝重；器表光滑平整，几乎不见错位、叠压和补铸现象。

综合以上三个方面来看，郑州商城遗址范围内发现的三个二里岗上层时期窖藏坑出土的八件青铜方鼎存在时间上的先后关系，且推测有相对发展的三个阶段，即南顺城街窖藏坑H1:4号、H1:3号和H1:2号方鼎为第一阶段，这一阶段属于初次摸索方鼎的铸造工艺、纹饰构成与布局的阶段；杜岭二号方鼎和食品厂窖藏坑H1:8号方鼎为第二阶段，在总结第一阶段的经验后，改进了底部与器腹的铸接方式，形成了方鼎纹饰构成与布局的基本格局；杜岭一号方鼎、南顺城街窖藏坑H1:1号方鼎和食品厂窖藏坑H1:2号方鼎为第三阶段，在总结第二阶段的经验基础上，实现了腹部分范的简约化、合理化，进而解决了腹部一次浇铸成形的难题，纹饰更加精致。

杜岭二号方鼎在八件青铜方鼎中处在一个承前启后的位置，它是青铜工匠在总结第一阶段方鼎铸造经验的基础上铸造出来的最佳作品，同时又为后来青铜方鼎铸造技术实现突破性进展打下了扎实的经验基础。杜岭二号方鼎成形后所表现出来的品相，在一定程度上坚定了青铜工匠铸造出更加完美的青铜方鼎的信念，同时也使后来青铜方鼎的纹饰布局结构基本定型。因而，可以毫不夸张地说，杜岭二号方鼎在青铜方鼎的发展进程中具有举足轻重的作用，是商周青铜方鼎发展序列的鼻祖。

在三个处于相同时期的窖藏坑内，除了出土有青铜方鼎，还有其他青铜器出土。这里需要提及的是食品厂窖藏坑中出土的兽面纹提梁卣（**图二二**）和兽面纹圆鼎（**图二一**）。

食品厂窖藏坑出土的兽面纹提梁卣，形体较大，更为重要的是器表近乎满工的兽面纹。这和这一时期青铜器类纹饰发展的主体是不太相符的，或者说这一时期的青铜器纹饰主要是在局部位置装饰纹饰，而且各部位装饰的纹饰类型基本是较为固定的，而兽面纹提梁卣却出现了近乎满工的兽面纹装饰。如果说这一时期青铜工匠开始寻求青铜器纹饰上的突破的话，那么作为这一时期新出现并处在逐步探索改进阶段的青铜方鼎为何不尝试制作满工的纹饰，而是用乳钉纹带和窄兽面纹带布局？如果说在青铜方鼎的第一阶段开创性地制作满工纹饰的方鼎，会因为分范铸接上的技术难题无法解决而可能导致器表杂乱难看的话，那么到青铜方鼎的第三阶段这一问题是不存在的，完全可以保证每一个面上的纹饰都不会出现错乱现象。因而，我们认为，虽然这一时期在纹饰、器类上都具有创新的实际行为，但是青铜工匠在创新时是经过深思熟虑的，即从开始构想青铜方鼎造型，到付诸实际行动，方鼎上在哪些地方装饰纹饰，装饰什么样的纹饰是经过反复思考才最后确定的，而且在确定后纹饰的布局几乎没有太多的改动。或者也可以这么说，当时的青铜工匠在经过深思熟虑后认为，只有现在我们看到的第二阶段和第三阶段方鼎上的纹饰布局和纹饰图案，才是最为合理或最符合当时的审美要求的。从后来相当长的一段时间内青铜方鼎的纹饰布局特点来看，显然是深受杜岭二号方鼎及其之后的几件青铜方鼎的影响。

食品厂窖藏坑出土的兽面纹圆鼎，在商代前期也属于大型器物，是可以和八件青铜方鼎相提并论的。这一时期的青铜器多以中小型器物为主，到目前为止发现的商代前期青铜器，也只有八件青铜方鼎和一件兽面纹圆鼎可以算大体量器物。从这一时期的小型青铜器尤其是小圆鼎铸造工艺来看，分范一体浇铸的技术已相当成熟，基本都是从足到口沿三分外范。如果按照当时青铜圆鼎的分范逻辑来处理食品厂窖藏坑出土兽面纹大圆鼎的分范问题，是完全可以实现三分范一体浇铸成形的。但为何兽面纹大圆鼎不仅如此时的小圆鼎一样在足至口沿部位存在分范现象，而且还要在器腹中部再次分范呢？恐怕最为合理的理由莫过于当时工匠虽然具有制作小型器物范体相对成熟的技术，但是并不具备制作大型模范的能力或者条件，而只能迫不得已地将正常圆鼎分范逻辑上的范体人为切割为有能力操作的小型范块。如果这一假设成立的话，那么处在同一时期的属于大体量器物的八件青铜方鼎同样面临和兽面纹大圆鼎一样的问题，八件青铜方鼎前期分范较多，不仅可能是因为方鼎属于新创造的器型而需要有制模作范上的一个探索过程，同时还因为受到当时技术条件和制作能力的限制，工匠们不得不通过多次分范来缩小单个范体的面积。然而，兽面纹大圆鼎上体现出来的局限性问题在八件青铜方鼎发展序列的第三个阶段就得到了解决，这从第三阶段方鼎分范上就可以说明当时已具备制作大型范体的能力，最起码具备了制作大型平板状范体的能力。

考古工作人员经过发掘清理后发现，三个窖藏坑中的器物明显经过人为的摆放。如张寨南街窖藏坑出土的两件方鼎摆放的地面经过加工，以使不同高度的两鼎鼎口平齐；食品厂窖藏坑中出土的方鼎和圆鼎鼎口相对合；等等。依据各个窖藏坑出土器物的摆放情况，学术界对各个窖藏坑的性质问题也展开过讨论，大致形成的意见有“祭祀说”和“遭遇重大事件应急掩埋说”两种观点，还有部分专家学者认为张寨南街窖藏坑有可能是墓葬。三个窖藏坑虽然都在郑州商城遗址范围内，而且彼此相距也不太远，但是三个窖藏坑同时埋藏的可能性极小。然而三个窖藏坑中所藏的八件方鼎毫无例外地既有制作年代较早、品相较差的方鼎，同时也有制作年代较晚、品相较好的方鼎。也就是说在埋藏方鼎时，埋藏者有意将较差的方鼎和较好的方鼎配合着埋藏，显然这八件青铜方鼎无论品相好坏，都同样具有其代表的某种重要意义。有意识地好坏搭配着埋藏，主要是为了显示方鼎所能表示的含义，而并不太在乎方鼎本身所表现出来的品相问题。否则，如南顺城街窖藏坑出土的H1:2号、H1:3号和H1:4号方鼎这样品相极差的器物完全可以在方鼎铸造技术成熟时或者器物成形后就回炉重铸了。从八件方鼎器表皆残留有烟熏痕迹来看，显然都曾使用过，虽然今天无法知道方鼎是在什么情况下经过火烧或者使用的，但可以肯定的是从第一件方鼎铸造成形到第八件方鼎铸造完成这一个时间跨度之内，八件方鼎并没有用来从事祭祀等行为，而是在八件方鼎全部完成铸造以后，有意识的埋藏行为才开始发生。从这一个角度上来看的话，八件方鼎的铸造时间跨度不会太大，三个窖藏坑的先后埋藏时间跨度也不会有多大。如今，我们虽然依据各种现象对三个窖藏坑形成的原因和当时的情况以及窖藏坑的性质等问题做了不少探讨，但种种迹象表明，三个窖藏坑真正的事实远比我们现在能想到的要复杂得多。我们可以看到既成的埋藏事实，但并不一定能准确理解当时埋藏者的意图。

五、郑州商城遗址

郑州商城遗址位于郑州老市区东南，总面积约25平方千米，1951年首次发掘。城址呈纵长方形，夯筑而成，北城墙长1690米，西城墙长1870米，南城墙和东城墙长度均为1700米，周长近7千米。墙基多以地形随高就低营建，城墙底宽20米左右，转角处宽32米以上，地面残存城墙最高6米，顶宽5米多。城墙四面有宽窄不一的缺口11处，其中部分缺口可能与城门有关。东城墙外有城壕，西城墙外无，南、北城墙外有无城壕目前未知。该城即是我们常说的郑州商城，实为郑州商城之内城。

郑州商城内城城内东北部为宫殿区，是王室居住区域，有成组或大型的、结构复杂的宫殿建筑基址，有大型的蓄水池和完善的城市供排水设施及水井等，并发现部分宫城城墙。

内城中部偏南，发现有商代夯土建筑基址及水井等遗迹、遗物，这里可能是贵族居住地；城内其他地方发现有小型房基建筑，可能是平民居住区域；还发现有农业生产遗迹，可能存在农业种植行为，也符合早期城市的特点；在城内东北角还发现有以狗为牺牲的祭祀坑。

在内城外围，发现有面积更大的外郭城，断续残存有城墙约5千米，城外有护城河。城墙最宽纪录为20米。从这些资料来看，郑州商城极可能已有明确的外城、内城和宫城之分。

在商城内城和外城之间发现了大量的遗迹、遗物。在内城外的北侧、南侧、西侧分别发现有铸铜、制陶、制骨等各种手工业作坊遗址，中小型贵族墓葬和平民墓葬遍布其中。内城外东侧目前发现遗迹、遗物较少，可能与其一侧有古湖泊有关。铸铜作坊遗址，如位于商城南城墙中部之外约700米处的南关外商代铸铜遗址，以及位于商城北城墙中部之外200米处的紫荆山北商代铸铜遗址，出土了大量的铜渣、残铜块、残陶范块、坩埚碎块、木炭屑和红烧土等遗物，以及和铸铜有关的文化层和灰坑等遗迹；制陶作坊遗址，如位于郑州商城西城墙北段外侧约700米处的商代制陶遗址，发掘有烧陶窑炉、制陶场地、房址或作坊基址、储藏陶器坑、取土坑和水井等遗迹，以及陶泥等制陶原料、陶器废品、陶拍子、陶花纹印模和陶器残片等大量遗物；制骨作坊遗址，如位于郑州商城北城墙中部外侧约300米处的紫荆山北商代制骨遗址，以及位于郑州商城内东北部宫殿区遗址中部的商代锯制人头骨场地遗址，前一处以生产人们日常生活中使用的骨簪、骨针、骨匕和骨镞等为主，后一处则以锯制人头骨做器皿为主[6]。

商城内、外城发现有许多商代祭祀遗迹。如位于内城东北部和西北部的商代夯土城墙内侧近底根部的殉人坑与殉狗坑，位于内城西城墙北段外侧约500米处的三个作三角形排列的殉牛坑，位于内城外西南角的郑州二里岗灰坑内的疑似奴隶的成年男性骨架，均与举行祭祀后杀殉有关。另外在二里岗附近也发掘出一些填埋人骨架坑和殉牛坑，也可能与祭祀后杀殉有关[7]。

此外，还有在郑州商城西城墙外和东城墙外发现的张寨南街、南顺城街、向阳回族食品厂青铜器窖藏坑等三个商代青铜器窖藏坑，其中出土的文物前文已有详细描述。

早在20世纪五六十年代，部分学者就对郑州商城是否是商代城址提出了疑问。虽然也有一部分专家学者如郭沫若先生、安金槐先生等提出这可能是商代都城——隞都，但此时并没有发现具有强大说服力的遗迹、遗物。直到1974年在张寨南街窖藏坑发现了形体硕大的杜岭一号方鼎和杜岭二号方鼎，人们才坚定了其是王都的信心。郑州商城是商代隞都的观点逐步被大多数学者所接受。几年后，邹衡先生提出郑州商城亳都说，学者们对郑州商城为何王都再次展开了激烈的争论。

随后，郑州商城内陆续发现了铸铜作坊、制陶作坊、制骨作坊、大型宫殿基址、祭祀坑等一系列商代文化遗存，以及南顺城街和向阳回族食品厂青铜器窖藏坑。广大专家学者或引经据典推断或依据文化遗存证明郑州商城是隞都或亳都。郑州商城东、西城墙外发现的三个窖藏坑始终是这场争辩中最重要的实物资料。

那么，为何说三个窖藏坑对郑州商城的性质、年代等的判断十分重要呢?

一是三个窖藏坑均发现于郑州商城城墙外不远处，且又处在外郭城之内。坑内出土的各类文物证明，这三个窖藏坑的埋藏时间接近，同属于二里岗上层。这三批文物显然都是居住于郑州商城内的人群所埋藏。

二是三个窖藏坑中出土了八件大中型青铜方鼎和一件大型青铜圆鼎。有商一代，青铜器是区别尊卑贵贱的重要礼器。此前，出土的商代早期及其以前的青铜器均为兵器、工具和小件青铜容器，从未发现如此巨大的青铜容器。毫无疑问，只有居住于郑州商城内的最高等级的贵族才具有如此的能力和身份来制造、使用它们，而这些大中型方鼎也足可证明这个最高等级的贵族非商王莫属。

三是郑州商城南北城墙外发现有该时期的铸铜遗址，说明三个窖藏坑内出土的所有青铜器均是在铸铜作坊内铸成的。能够制作如此巨大的青铜容器，本身就足以证明此时已经具备了很高的青铜冶铸水平。从这一点上也多少能反映出此时商王朝的综合实力已很强大。毕竟制作如此巨大的多件青铜容器，从铜矿开采、冶炼、运输，到铜器制作的作模、制范，熔炼、浇铸、打磨等，都需要大量的人力、物力和财力。

四是窖藏坑内出土的八件青铜方鼎是新型器类，对后世方鼎的发展演变具有深远的影响，也为后来方鼎铸造技术的发展提高积累了经验。

五是三个窖藏坑的性质对判断郑州商城是隞都还是亳都有重要的影响。广大专家学者从三个窖藏坑的形态、器物的摆放形式、器物的组合形式、器物的纹饰特点、伴出的其他文物等多个方面进行论证，仁者见仁，智者见智，得出举行大型祭祀活动后掩埋和遭遇突发事件应急掩埋的不同结论。

六是方鼎的年代问题对郑州商城的存续也有一定的影响。关于窖藏坑性质的两种意见中，如果是举行大型祭祀活动后掩埋的祭祀坑论正确的话，那么郑州商城至少到二里岗上层二期还在使用，并极可能向后延续了一段时间；如果是遭遇突发事件应急掩埋的观点正确的话，那么郑州商城到二里岗上层二期即宣告终止了。

因此说，郑州商城发现的三个窖藏坑，对于研究郑州商城具有重要的价值。窖藏坑内出土的八件青铜方鼎尤其是两件杜岭方鼎，是郑州商城作为王都的最重要的实物标志。

随着时间的推移，考古新资料不断增加，如1983年偃师商城和1990年郑州小双桥商代遗址的发现，以及郑州商城遗址战国遗存中发现的大量“亳”字陶文等，为隞都说和亳都说的讨论注入了新的因素。亳都说也逐渐从信者寥寥到从者甚众。2000年9月，夏商周断代工程通过专家组验收。对于郑州商城的性质和年代，《夏商周断代工程1996—2000年阶段成果报告（简本）》提出：“郑州商城和偃师商城基本同时或略有先后，是商代最早的两处具有都邑规模的遗址，推断其分别为汤所居之亳和汤灭夏后在下洛之阳所建之‘官邑’亦即‘西亳’的意见具有较强的说服力。”[8]

虽然人们对于郑州商城是何王都已有了一个阶段性的结论，但是关于郑州商城的研究和讨论必将长期持续下去。郑州商城的很多秘密我们还没有发现，还没有理清，还需要更多的实物材料来揭示它、完善它。

六、方鼎发展序列的比较

上文就商代前期郑州商城遗址范围内的三个窖藏坑出土青铜方鼎在范铸逻辑、范铸技术等方面进行了比较，进而推断八件方鼎的先后因果关系，以及三个窖藏坑中方鼎埋藏情况所能反映出来的一些现象。然而，这只是方鼎这一类型器物出现后最早阶段的状况，其后相当长的一段时间内方鼎一直存在，也依然在形体、纹饰等方面发生着变化，因而有必要在此就整个方鼎的发展脉络进行简单的梳理。鉴于篇幅限制，下文只列举方鼎各个时期一些较为重要的器物。

1990年山西平陆前庄出土一件商早期兽面乳钉纹方

鼎[9]，器腹近正方体，宽平折沿，方唇，沿上双圆拱形立耳，直腹壁，平底，四上粗下细圆柱状空足。上腹饰八组窄阳纹线条兽面纹带一周，四角及器下腹饰乳钉纹带，四足中部饰兽面纹，其上下各有凸弦纹装饰。通高82厘米，口长宽50厘米（**图二八**）。

1989年江西新干大洋洲出土一件商中期卧虎兽面纹方鼎[10]，器腹近方体，宽折沿微内敛，方唇，口沿上有圆拱形双立耳，耳上各卧一虎，直腹壁，平底，下有四圆柱状空足。腹上部饰八组窄阳纹线条兽面纹带一周，四角及器下腹饰乳钉纹带，四足上部饰浮雕式羊角兽面纹。据耳上双虎颜色与器体有所差别及相应位置遗留的铸造痕迹，推断耳上双虎为后铸接。这一现象在该地出土的其他青铜器上也有出现。通高97厘米，口长49.3厘米，口宽58厘米

（图二九）。

1977年北京平谷刘家河出土两件商中期雷纹方鼎[11]，器腹近长方体，窄折沿，方唇，沿上有圆拱形双立耳，直腹壁，平底，下有四圆锥状实足。器腹中部饰云雷纹带一周，上下界以联珠纹。其中完整一器通高14.2厘米，口长11厘米，口宽8.7厘米（**图三〇**）。

1939年河南安阳武官北地出土的商晚期司母戊方鼎[12]，器腹近长方体，窄折沿内敛，方唇，沿上有圆拱形双立耳，直腹壁，平底，四圆柱状空足。器腹四边饰粗线条夔龙纹，四足上部饰浮雕兽面纹。器腹四角转折线及对应的四足兽面正中和器腹中部夔龙纹带正中装饰有扉棱。通高133厘米，口长116厘米，口宽79厘米（**图三一**）。

1976年河南安阳小屯五号墓出土的商晚期司母辛方

图二八　山西平陆前庄出土兽面乳钉纹方鼎

图二九　江西新干大洋洲出土卧虎兽面纹方鼎

图三〇　北京平谷刘家河出土雷纹方鼎

图三一　河南安阳武官北地出土司母戊方鼎

鼎[13]，器腹近长方体，窄折沿，方唇，沿上有圆拱形双立耳，直腹壁，平底，四圆柱状空足。腹上部中间饰兽面纹带，四角饰相对的夔龙纹，腹中下部四角和下腹部饰乳钉纹，四足上部饰浮雕兽面纹，下部饰两道凸弦纹半周。腹壁四角及转角线对应的四足兽面正中和器上腹兽面纹正中装饰有扉棱。通高80厘米，口长64厘米，口宽48厘米（**图三二**）。

1976年安阳小屯五号墓出土的商晚期妇好夔足方鼎[14]，器腹呈长方体，窄折沿，方唇，沿上有圆拱形双立耳，浅直腹，平底，下有四夔龙状扁足。四腹壁各装饰一个大的兽面纹，四足呈夔龙状，主体纹饰下有雷纹地纹。腹部四角和腹中部兽面纹正中装饰有扉棱。通高42.4厘米，口长33.3厘米，口宽25.1厘米（**图三三**）。

山东长清小屯出土的商晚期祖辛方鼎[15]，器腹呈椭方体，侈口方唇，沿上有圆拱形双立耳，微束颈，鼓腹，平底，四柱状实足。颈部四面饰两两相对的夔龙纹，其上有联珠纹一周，腹部饰雷纹作地的兽面纹，四足饰三角形云纹。腹部四角和颈部正中装饰有扉棱。通高23厘米，口长16厘米，口宽14.2厘米（**图三四**）。

1973年辽宁喀左北洞二号窖藏坑出土的西周早期方鼎[16]，器腹呈长方体，窄折沿内敛，方唇，沿上有圆拱形双立耳，斜直腹，近平底，下有四圆柱状实足。腹上部饰雷纹作地的兽面纹带，腹中下部的四角和下腹部饰乳钉纹，四足上部饰浮雕兽面纹，下部饰凸弦纹三周。腹壁四角和腹上兽面纹正中装饰有扉棱。通高52厘米，口长40.6厘米，口宽30.6厘米（**图三五**）。

上海博物馆藏西周成王德方鼎[17]，器腹近长方体，窄折沿，方唇，沿上有圆拱形双立耳，浅斜直腹，近平底，下有四圆柱状实足。器腹四面饰雷纹作地的兽面纹，四足上部饰牛首纹，下部饰凸弦纹两周。器腹四角和腹中部兽面纹正中及四足兽面中部装饰有扉棱。通高24.4厘米，口长18厘米，口宽14.2厘米（**图三六**）。

1981年陕西长安（今西安市长安区）花园村出土的西周中期方鼎[18]，两墓共出三件，器腹呈长方体，窄折沿内敛，方唇，沿上有圆拱形双立耳，直腹壁，近平底，下有四圆柱状实足。上腹部饰蛇纹，中下腹四角和下腹部饰乳钉纹带，四足上部饰浮雕兽面纹。腹壁四角、腹中和四足兽面正中装饰有扉棱。通高22.8厘米，口长18.3厘米，口宽14.5厘米（**图三七**）。

1974年陕西宝鸡茹家庄一号墓出土的西周中期方鼎[19]，器腹呈椭方体，窄折沿，方唇，沿上有圆拱形双立耳，深鼓腹下垂，四角圆润，微圜底，下有四圆柱状实足。颈部饰凤鸟纹与涡纹相间的纹饰带一周，其下有凸弦纹一道。通高14厘米，口长14.5厘米，口宽10.5厘米（**图三八**）。

1978年陕西扶风齐家村出土的西周晚期四鸟扁足方鼎[20]，器腹呈长方体，窄折沿，方唇，沿上四角立四小鸟，直腹壁，平底，下有四扁足。腹部饰两排垂鳞纹，四足为夔龙形。通高12.8厘米，口长11.1厘米，口宽7.3厘米（**图三九**）。

综合商周时期青铜方鼎的出土地点、数量、大小、纹饰、形态及铭文等各方面来看：（1）商代早期，青铜

图三二　河南安阳小屯五号墓出土司母辛方鼎

图三三　河南安阳小屯五号墓出土妇好夔足方鼎

图三四　山东长清小屯出土祖辛方鼎

图三五　辽宁喀左北洞二号窖藏坑出土方鼎

图三六　上海博物馆藏西周成王德方鼎

图三七　陕西长安花园村出土方鼎

图三八　陕西宝鸡茹家庄一号墓出土方鼎

图三九　陕西扶风齐家村出土四鸟扁足方鼎

方鼎主要有集中发现于郑州商城遗址范围内的八件和山西平陆发现的一件，器物形态基本一致，纹饰及其布局也基本一致，都属于大型方鼎。（2）商代中期，只有江西新干大洋洲和北京刘家河出土有方鼎，大洋洲出土的方鼎除耳上新增加了虎形装饰外，其他基本与商早期郑州出土青铜方鼎一致，而北京刘家河出土的方鼎不仅尺寸很小，纹饰和器足造型也和郑州出土方鼎不同。（3）商代晚期，方鼎出土范围扩大至山东、陕西、湖南等地，出土数量很多，尤以河南安阳等地为最。这一时期的方鼎器腹由早期的近方体斜直壁开始变化并定格为器腹为近长方体直壁的造型，开始出现了扁足方鼎和鼓腹方鼎等新的方鼎形式，纹饰及布局除保持有传统的兽面乳钉纹框架式纹饰布局外，还有由夔龙纹、凤鸟纹等纹饰组合成上下分段式布局和一个纹饰整面布局的形式，并开始大量使用扉棱装饰，铺设地纹。方鼎尺寸向两极延伸，大中小各类鼎都有出土，大型和中型鼎较多。出现了目前最大的青铜器——司母戊方鼎。（4）西周早期，陕西、甘肃等地出土方鼎的数量明显增多，近乎占到该时期方鼎的一半，而原来出土方鼎较多的河南、山东等地数量锐减，至康王之后，方鼎的出土地点更是局限于西周都城附近的范围内。方鼎的形态、纹饰及其布局较商晚期没有太多变化，只是器腹更浅，新出现了带盖或不带盖的椭方体附耳方鼎。大型方鼎不见，中型方鼎数量极少。（5）西周中期，方鼎的出土地点仍如康王之后的情况，主要集中在丰镐两京、宝鸡一带，出土数量也明显减少。除扁足方鼎外，西周早期出现过的方鼎形态，此时仍然延续使用。纹饰布局也较多地由此前近乎满工的纹饰布局转向只局部装饰纹饰。（6）西周晚期，方鼎仅出土两三件，所在区域也分散在几个省份，此前方鼎的纹饰风格几乎不见，仅保留有方鼎的方腹、四足等部分形态特征。

从上文商周时期青铜方鼎的发展脉络来看，方鼎从二里岗上层时期开始探索铸造，其后经历了商晚期的鼎盛发展，然后至西周中期衰落，到西周晚期接近尾声，直至消亡。商代早期方鼎立耳、直壁或斜直壁、平底和四柱足的形态是方鼎发展脉络的主体形态。扁足、鼓腹、椭方体腹、附耳等形态的方鼎是整个方鼎发展序列中某一个阶段存在的类型，也正如方鼎上纹饰及其布局的变化一样，可能是为了迎合某一时期人们的审美需求所做的阶段性改变。在整个方鼎发展序列中，从开始到结束一直存在的形态或者纹饰才应该是该类器物真正的主流。从这一点上说，乳钉纹框架式装饰布局的方鼎恰恰是从方鼎开始出现到方鼎衰落的各个时期都存在的方鼎形态和纹饰布局，而分段式的纹饰布局和一个纹饰整面布局的形式则是只存在于某一阶段或某几个阶段。至于西周晚期，由于方鼎数量极少，形态又较为特殊，可不考虑其在方鼎发展序列中的影响。由此来看，以杜岭方鼎为代表的商代早期青铜方鼎在当时设计铸造时极有可能被赋予了具有深远影响力的思想内涵，以至于在此后的相当长的时间内，哪怕是发生了政权更替，其开始时形成的形态和纹饰特点都没有发生根本性变化。如果说这一类鼎各个个体上装饰的纹饰有兽面纹与乳钉纹组合、凤鸟纹与乳钉纹组合、夔龙纹与乳钉纹组合或单纯的夔龙纹组合等变化的话，那么框架式纹饰布局则是其共有的特征。无论是以哪种纹饰组合形式出现在方鼎上，方鼎周边因为装饰纹饰呈现出来的框架式构造能给予人们一种强烈的骨架感，或者说这样的纹饰布局使方鼎有了“脊梁”。假如我们以这样的思想理念来理解以杜岭方鼎为代表的这一类框架式纹饰布局的方鼎是正确的，那么，方鼎和框架式纹饰布局相互成就了彼此。因为就圆鼎和方鼎而言，两类型鼎上同样都采用框架式纹饰布局，圆鼎是不具有方鼎所能够呈现出来的视觉感受的。从郑州三个窖藏坑出土青铜方鼎所表现出来的方鼎铸造逻辑、纹饰构图布局演变关系来看，当时青铜器工匠显然是带有某种思想来设计铸造方鼎的，而这种思想理应来自居住于郑州商城内的王室。

七、方鼎与鼎文化

鼎，中国历史上流传最久的器物之一，是中华文明的象征。三足陶质鼎最早可以追溯到公元前6000年左右的磁山-裴李岗文化。三足铜质鼎则最早出现于夏代的偃师二里头。其后至商周时期，青铜鼎得到了迅猛发展，并被赋予思想内涵，对此后中华文明的发展产生了长远深厚的影响。

传说中鼎的铸造始自黄帝。《史记·封禅书》记载："黄帝采首山铜，铸鼎于荆山下。"由于年代久远，目前的考古资料也无从证实其真实性，故只能以传说视之。相对于鼎形器物的出现并流传，"鼎"字的出现则要相对较晚。甲骨文出现之前，对于鼎是以什么样的文字符号或图画来表现，我们无法知道，但是在甲骨文时代，“鼎”字常出现于甲骨文中。其象形的文字形态多作为占卜的“贞”用。如此来看，由鼎形器物演化而来的象形文字“鼎”本身是代表了一种向天或神问询吉凶的思想。那么说明，此时鼎本身可能是具有这样的思想内涵的。

商周青铜器许多器类的定名需要文献和实物及器物本身自铭相结合来加以考证，而鼎在这方面则几乎不存在问题。除鼎在中华文明中的特殊意义使得大众都对其有一个传承有序的认识外，鼎类器物和“鼎”字在商周时期就已经完成了二者的统一，即当文字的载体从甲骨转移到青铜器时，自铭器实现了“鼎”字和鼎类器物的统一。当然，这一问题只是针对今人对古代器物的认识上存在的问题，而对于当时的人们来说是不存在文字和器物不一致的情况的。

汉字的发生，以及汉字载体的变化，对鼎文化的传播具有深远的意义。这也是除了鼎本身所附含的文化、思想，能够实现鼎文化对中华文化具有长远影响力的重要条件。这一点具体地表现在早期文化典籍对鼎的记载上。《左传·宣公三年》记载有这样一段关于鼎的文字：“在德不在鼎。昔夏之方有德也，远方图物，贡金九牧，铸鼎象物，百物而为之备，使民知神、奸。故民入川泽、山林，不逢不若。魑魅罔两，莫能逢之。用能协于上下，以承天休。桀有昏德，鼎迁于商，载祀六百。商纣暴虐，鼎迁于周。德之休明，虽小，重也。其奸回昏乱，虽大，轻也。天祚明德，有所底止。成王定鼎于郏鄏，卜世三十，卜年七百，天所命也。周德虽衰，天命未改。鼎之轻重，未可问也。”从这段文字来看，鼎在铸造之初确实是承载了“协于上下，以承天休”的使命，拥有鼎就是拥有这种能力或者权力的象征。但随着夏商周朝代的更迭，后世人们总会总结前朝失国的经验教训，于是逐步认识到一个朝代是否能够长盛不衰，关键不在于其是否拥有能够象征能力与权力的鼎本身，而在于统治者是否有德。至此，鼎当初附含的思想得到了进一步的延伸，从拥有代表国家政权象征的鼎就能拥有统治国家的权力，发展到统治者不仅要拥有鼎，更重要的是要有鼎“协于上下，以承天休”的德。这也正是鼎之所以能够成为中华文明重要象征的原因。其已不再是单纯意义上的一种器物，而是成为了国家政权有德者居之的象征。保存至今的大量史学典籍中记载了很多关于发现铜鼎的记载，其所传播的不是发现铜鼎这样一个简单的事件，而是象征着统治者“德之休明”，是“天所命也”。

那么这种承载了某种政治使命的鼎是什么样子呢？汉代许慎《说文解字》：“鼎，三足两耳，和五味之宝器也。昔禹收九牧之金，铸鼎荆山之下，入山林川泽，螭魅魍魉莫能逢之，以协承天休……”鼎是“三足两耳”的“和五味之宝器”，显然许慎所说之鼎是现在我们所指的圆鼎。《墨子·耕柱篇》记载：“昔者夏后开，使蜚廉折金于山川，而陶铸之于昆吾。……鼎成，四足而方。……九鼎既成，迁于三国。夏后氏失之，殷人受之；殷人失之，周人受之。”文中“四足而方”在传世《墨子》中作“三足而方”，王念孙《读书杂志·墨子第四》之“三足”条专门对此做了考证：“‘鼎成，三足而方’，念孙案：‘三足’本作‘四足’，此后人习闻鼎三足之说而不知古鼎有四足者，遂以意改之也。《艺文类聚》《广川书跋》《玉海》引此皆作‘四足’，则‘三’字必元以后人所改也。”[21]由此来看，鼎不仅有“三足两耳”的圆鼎，还有“四足而方”的方鼎。从考古发掘资料和传世青铜器来看，青铜器上确有自铭为方鼎的器物，如陕西岐山贺家村出土的史迹方鼎铭文中就有“史迹作宝方鼎”。既然鼎是承载了某种政治思想的重要器物，那么其形制应该是相对固定的才对，为何还要有圆方之别呢？圆鼎和方鼎所承载的思想是否会有所不同呢？古代典籍没有给出明确的答案，只能寄希望于现在的考古资料来分析探讨了。

出土的大量青铜鼎在器体表面遗留有烟熏痕迹，说明鼎是兼具有实用功能和社会功能的。关于其功能方面的研究，张亚初归纳出鼎的八种实际用途和四种社会功能。八种实际用途分别是烹煮牲、禽兽、鱼腊及大小肉块，温热鱼肉，盛放鱼肉，盛用黍稷稻粱做的干饭，熬煮稀饭和水饭，陈设熟食和进献食物，和羹并盛置调味品，热水或煮汤浆；四种社会功能分别是作一般性的祭祀或特定的祭祀用品，作征战、出行和田猎时的用器，作陪嫁用品，作供赏玩的艺术品[22]。

就青铜鼎的功用问题，圆鼎和方鼎是无法清晰界定的，而二者的存续时间却有差别，圆鼎的存续时间远大于方鼎。如果二者的功用相同，首先没有必要制作两种形态的鼎，其次二者都应该并行延续下去。故而，存续时间较短的方鼎应是具有不同于圆鼎的某些功用。就鼎的大类功用而言，也许方鼎和圆鼎是一样的，但在大类功用之下可能存在差别。要弄清这个问题，就要着重从方鼎分析。

关于商周时期的方鼎，如上文的战国典籍《墨子·耕柱篇》已有记载。对方鼎的研究则开始于宋代吕大临的《考古图》、王黼的《博古图录》和赵九成的《续考古图》，然也仅是摹其图形、释其文字、考其出处。至清代，虽金石之学兴盛，也只是局限于考释铭文、收集资料、判定时代等方面。真正对方鼎研究有所突破的则在现代考古学进入中国以后，随着大量考古发掘资料的出现才实现的。20世纪30年代，刘体智所撰《善斋吉金录》中将方鼎称为“鬺”，以与圆鼎有所区别，这得到了学界广泛认同。到80年代时，诸多学者对这个方鼎称谓提出疑问，认为铭文中出现的“鬺”并非方鼎的专名，但也有专家学者如黄盛璋等认为“⿱齐鼎”虽非方鼎专名，而“⿱齊鼎”则是方鼎专名[23]。从目前的考古资料来看，“⿱齊鼎”也确实只见于方鼎之上[24]。而一些专家如李学勤先生则认为“⿱齊鼎”是“⿱齐鼎”的异体字，而“⿱齐鼎”并非方鼎专名[25]。对于方鼎专名到底叫什么，目前学术界还存在争论，但至少部分青铜器上出现的“方鼎”铭文指的是方鼎应该没有问题。

对青铜方鼎功用的研究是建立在大量考古资料的基础之上的，分析研究的结果也存在不少差异。杨宝成、刘森淼认为，方鼎是整个商代和西周前期青铜礼器中的核心器物。大型方鼎是商代特有的礼器，往往成对出土，所有者均为国王或其配偶；出土两件中型方鼎的墓，墓主多为方国国君，个别为王室重臣；出土一件中型方鼎的墓，墓主多为王室重臣，部分为方国国君；出土小型方鼎的墓，除方鼎件数为三件或四件的墓主是方国国君或其夫人外，出土一件或两件方鼎的多属于中小贵族。方鼎的产生发展直至衰落的演变过程和穆王礼制改革有关[26]。高西省认为，西周时期起核心作用的是圆鼎[27]。张懋镕认为，方鼎是鼎类中的一个特类，与圆鼎一起埋葬具有抬升鼎类器物乃至食器在青铜礼器中的地位的作用；商晚期方鼎数量的增多及在中型偏小墓葬也出土方鼎减弱了方鼎在鼎类器物中的特殊作用；方鼎和圆鼎要以一个整体来看待，方鼎作用减弱时，圆鼎作用则在不断提升，方鼎的最后消失并不影响鼎类在食器乃至整个青铜礼器中的地位；方鼎的消失是随着古代王朝统一程度的不断提升，不同文化趋向一致的一种文化现象，使圆鼎最后成为鼎类的唯一代表[28]。

综合几篇有关青铜方鼎研究的文章来看，青铜方鼎是商周时期重要的青铜礼器，其主要的社会功能是祭祀。其出现之初，社会地位很高，只有国王及其配偶才能使用，其出土范围也主要集中在商都周围。随着社会的进一步稳定繁荣，到商代晚期时，方鼎的数量大大增多，使用者身份由原来的最高统治者扩展到整个贵族阶层。这一变化说明方鼎的社会地位在逐步降低。其后，周人伐商，并取得了政权，但并没有及时形成自己的礼制。周室统治下的王朝人民并没有发生太多变化，深受商文化影响的殷商遗民仍然存在，其殷商礼制思想根深蒂固，故仍在墓葬中随葬青铜方鼎。大量的墓葬考古资料证实，出土方鼎的西周早期墓葬的墓主大多是殷商旧族，而明确为周族人铸造的方鼎数量极少，且都是周王及王室成员所铸之器。这说明在西周早期，方鼎的使用者除殷商遗民外，周人只局限于王室。随着周王室统治地位的巩固与西周礼制的逐步形成，周人开始放弃不符合自身礼制思想的方鼎，周室统治下的殷商遗民也在西周礼制的影响下逐步放弃了方鼎，接受并服从新的礼制思想。这正是方鼎在西周中期衰落的主要原因。

方鼎衰落的时期正是西周礼制形成的时期，这一看似巧合的现象其实是必然的结果。方鼎在这一时期衰落，一方面说明方鼎所蕴含的社会功用可能是周室必须摒弃的，一方面也说明方鼎所蕴含的社会功能其实圆鼎同样也具备。而周室沿用圆鼎、放弃方鼎既达到了延续鼎所代表的思想内涵的目的，又能清除方鼎代表的殷商礼制的影响，进而达到其统治下的臣民接受统一的礼制规范的目的。故而，方鼎在西周早、中期发展变化的现象实质是西周从立国时礼袭于商到西周中期逐步形成自己的礼制，并摒弃不符合自身发展需求的殷商礼制的这一过程在某一类器物上的集中反映。

因此，方鼎应是殷商礼制中的特有器物，是商代青铜礼制体系中的核心器物，由于在西周初期周袭殷礼，方鼎的核心作用仍然存在。到西周礼制形成后，具有强烈殷商色彩的方鼎遭到摒弃，圆鼎开始成为新礼制下的核心器物，并最终形成后来的列鼎制度。

注释：

[1][2][3] 河南省博物馆：《郑州新出土的商代前期大铜鼎》，《文物》1975 年第 6 期。

[4][5] 河南省文物考古研究所、郑州市文物考古研究所：《郑州商代铜器窖藏》，第 81、4—9 页，科学出版社，1999 年。

[6][7] 河南省文物考古研究所：《郑州商城——1953 ~ 1985 年考古发掘报告》，文物出版社，2001 年。

[8] 张巍：《郑州商城研究》，前言第 5—8 页，河南人民出版社，2006 年。

[9] 卫斯：《平陆县前庄商代遗址出土文物》，《文物季刊》1992 年第 1 期。

[10] 江西省文物考古研究所、江西省新干县博物馆：《江西新干大洋洲商墓发掘简报》，《文物》1991 年第 10 期。

[11] 北京市文物管理处：《北京市平谷县发现商代墓葬》，《文物》1977 年第 11 期。

[12] 中国青铜器全集编辑委员会：《中国青铜器全集》第 2 卷，第 48 页，文物出版社，1997 年。

[13][14] 中国社会科学院考古研究所：《殷墟妇好墓》，第 34—38、38 页，文物出版社，1980 年。

[15] 山东省博物馆：《山东长清出土的青铜器》，《文物》1964 年第 4 期。

[16] 喀左县文化馆、朝阳地区博物馆、辽宁省博物馆：《辽宁喀左县北洞村出土的殷周青铜器》，《考古》1974 年第 6 期。

[17][20] 中国青铜器全集编辑委员会：《中国青铜器全集》第 5 卷，第 2、14 页，文物出版社，1996 年。

[18] 陕西省文物管理委员会：《西周镐京附近部分墓葬发掘简报》，《文物》1986 年第 1 期。

[19] 宝鸡茹家庄西周墓发掘队：《陕西省宝鸡市茹家庄西周墓发掘简报》，《文物》1976 年第 4 期。

[21] 王念孙：《读书杂志》，第 603 页，江苏古籍出版社，1985 年。

[22] 张亚初：《殷周青铜鼎器名、用途研究》，《古文字研究》第 18 辑，

中华书局，1983 年。

[23] 黄盛璋：《长安镐京地区西周墓新出铜器群初探》，《文物》1986 年第 1 期。

[24][26] 杨宝成、刘森淼:《商周方鼎初论》,《考古》1991 年第 6 期。

[25] 李学勤:《论长安花园村两墓青铜器》,《文物》1986 年第 1 期。

[27] 高西省：《论关中出土的西周青铜方鼎》，《故宫文物月刊》第 15 卷第 3 期，1997 年。

[28] 张懋镕:《商周方鼎探论》, 见张懋镕:《古文字与青铜器论集》, 第 80、85 页，科学出版社，2002 年。